AF500576

UNIVERSITÉ LIBRE.

PROCÈS-VERBAL

DE LA

SÉANCE D'INSTALLATION

(20 NOVEMBRE 1834)

CONTENANT

LE DISCOURS DE M. ROUPPE, PRÉSIDENT,
COMPOSITION DU PERSONNEL DES DIVERSES FACULTÉS,
LE DISCOURS DE M. BARON, SECRÉTAIRE,
ET LES STATUTS DE L'UNIVERSITÉ.

Bruxelles.

M. TARLIER, LIBRAIRE DE L'UNIVERSITÉ LIBRE,
POUR LA FACULTÉ DE DROIT, ETC., ETC.

1834

PROCÈS-VERBAL

DE LA

SÉANCE D'INSTALLATION

DE

L'Université Libre de Belgique.

Aujourd'hui 20 novembre 1834, le Conseil d'administration de l'Université libre de Belgique, composé de MM. Henri de Brouckere, le colonel de Puydt, Verhaegen aîné, Blargnies, Barbanson, Delvaux de Saive, le docteur Laisné, Vautier, Vander Elst fils, et Baron, secrétaire, ayant en tête M. Rouppe, bourgmestre de Bruxelles, président de droit dudit Conseil, et M. Vanvolxem, échevin, et suivi de MM. les professeurs ordinaires, extraordinaires, honoraires et agrégés des diverses facultés, entre dans la salle *gothique* de l'Hôtel-de-Ville de Bruxelles à 2 heures un quart.

M. le baron de Stassart, gouverneur de la province, est introduit et prend place à côté de M. le Bourgmestre.

Après un morceau de musique exécuté par MM. les membres de la société royale de la Grande Harmonie,

M. le Président prend la parole et prononce le discours suivant :

Messieurs,

De simples citoyens de Bruxelles, sans autre but que de concourir au progrès des lettres et des sciences, sans autre désir que d'être utiles à la jeunesse studieuse, se réunissent, s'imposent des sacrifices, en imposent à leurs amis, et tous ensemble fondent, au sein d'une population nombreuse, intelligente et active, un établissement où ils appellent, pour les seconder, des personnes zélées et dévouées comme eux au plus grand bien-être de la génération qui s'élève : telle est, Messieurs, l'origine de l'Université libre qui s'ouvre en ce moment sous vos yeux et sous vos auspices.

Premier magistrat de cette capitale, intéressé plus qu'aucun autre à la voir entrer, comme toutes les grandes cités de l'Europe, dans la voie des améliorations sociales, j'ai accepté avec empressement, j'allais dire avec orgueil, l'honneur de présider une solennité qui fera époque, je n'en doute pas, dans les annales de nos libertés.

Déjà la création d'un musée scientifique et littéraire avait prouvé de quelle importance est pour une ville, centre des arts, du commerce et de l'industrie, la culture des sciences qui s'y rattachent et des lettres qui les embellissent. Mais, entravé dans sa marche par la législation existante à cette époque, le musée de Bruxelles, même avec le concours et le talent des professeurs qui en faisaient partie, ne répondit qu'imparfaitement aux besoins des classes pour lesquelles il avait été spécialement créé, et il demeura à peu près inutile aux jeunes Belges qui aspiraient à compléter par de hautes et fortes études les connaissances acquises sur les bancs des colléges.

Ce que l'administration précédente, malgré son zèle, n'avait pu ni entreprendre ni espérer, ce que la régence actuelle, depuis l'époque de notre régénération politique, et malgré sa constante sollicitude pour les intérêts de ses administrés, n'a pas pu réaliser, de simples citoyens, je le répète, Messieurs, pleins de confiance dans leurs forces et dans la coopération des vrais amis de la patrie, n'ont pas craint de le tenter.

Le succès a surpassé leur attente. Une voix plus éloquente que la mienne va vous énumérer tout à l'heure les avantages immenses qui, sous l'égide d'une constitution libérale et d'un prince ami et protecteur des sciences et des arts, résulteront pour la ville de Bruxelles et pour le pays en général de l'érection de l'Université libre.

Qu'il me soit ici permis seulement de signaler à la reconnaissance publique le noble désintéressement de ces magistrats et de ces membres du barreau, devenus professeurs, qui ont fait sur l'autel de la patrie le sacrifice de leurs loisirs, et qui ont voulu que leur expérience et leurs lumières profitassent ainsi doublement à leurs concitoyens.

Honneur encore à ces savans du sol natal et de l'étranger que les fondateurs de l'Université libre ont trouvés prêts à se joindre à eux, sans avoir d'autre pensée que l'utilité générale, et sans vouloir, en quelque sorte, d'autre salaire que la gloire d'y travailler en commun !

Remerciment surtout aux souscripteurs actionnaires de la capitale et des provinces qui ont généreusement répondu à l'appel des fondateurs, et dont les engagemens pour l'avenir laissent entrevoir la possibilité de perfectionner plus tard l'établissement que leurs premiers dons ont permis de créer.

L'administration municipale de Bruxelles a compris, Messieurs, l'importance et l'étendue de ces divers sacrifices. Elle s'y est unanimement et volontairement associée. Le Conseil de l'Université libre l'a trouvée disposée, comme elle le sera toujours, à toutes les concessions favorables au développement des études et aux intérêts de la jeunesse.

Je m'applaudis, comme chef de cette administration, d'un pareil accord de sentimens; il est du plus heureux augure pour l'avenir.

Je voudrais qu'il me fût permis, en cet instant, de réunir près de moi cette jeunesse qui bientôt, je l'espère, se pressera autour des professeurs expérimentés si disposés à l'instruire; je lui dirais avec cette confiance qui ne trompe point dans la bouche d'un vieillard :

« Voici ceux que vos parens, ceux que vos amis
« ont choisis pour être les instruments de votre bon-

« heur à venir; ayez foi dans leurs paroles, car ils « viennent à vous de bon gré; aimez-les, car ceux « qui se dévouent méritent toujours qu'on les aime. « C'est à eux, c'est à l'industrieuse persévérance « d'un petit nombre de vos concitoyens que vous « êtes redevables du bienfait d'une instruction « supérieure complète, au sein de la ville la plus « populeuse de notre belle et riche patrie. Que le « souvenir de ce dévouement double vos efforts et « vos jouissances! J'y prendrai part constamment, « soyez-en sûrs, et je ne cesserai jamais de regarder « comme un des plus beaux jours de ma longue car-« rière administrative, celui où j'aurai vu s'ouvrir « l'Université libre de Belgique. »

M. le Président donne ensuite la parole à M. Vautier, membre du Conseil, pour la lecture des statuts et celle de la composition du personnel des diverses facultés, dont la teneur suit :

FACULTÉ DE PHILOSOPHIE ET LETTRES.

MM. Van Meenen, professeur extraordinaire : Encyclopédie de la Philosophie.

[illegible]rens, professeur : Introduction à la Philosophie, suivie de la Psycologie; Histoire de la Philosophie.

— Joly, professeur agrégé : Logique.

— Beving, professeur : Histoire de la Littérature Grecque; Langue Grecque (explication des auteurs).

— Bergeron, professeur : Histoire de la Littérature Latine; Langue Latine (explication des auteurs et exercices).

MM. Baron, professeur : Histoire de la Littérature Française ; Histoire des Littératures Étrangères modernes ; Exercices de Composition Française.

— Théologue, professeur extraordinaire : Grec moderne ; Langues Orientales, Turc, Arabe, Persan.

— Lelewel, professeur : Histoire et Géographie ancienne.

M. Van de Weyer, professeur honoraire.

FACULTÉ DES SCIENCES.

MM. Charles de Brouckere, professeur : Algèbre, Géométrie, Trigonométrie et applications.

— J. Kindt, professeur : Compléments d'Algèbre, Géométrie analytique, Calcul infinitésimal.

— Guillery, professeur : Chimie ; Physique.

— Kickx, professeur : Géologie et Botanique.

— Meisser, professeur : Zoologie, Anatomie comparée.

FACULTÉS DE DROIT ET DES SCIENCES POLITIQUES ET ADMINISTRATIVES.

MM. Molitor, professeur : Histoire du Droit Romain ; Institutes du Droit Romain.

— Oulief, professeur : Droit Civil moderne.

— Picard, professeur agrégé : Droit Civil moderne.

— De Gammond, professeur extraordinaire : Code de Procédure civile et Ordre des Juridictions.

— H. de Brouckere, professeur extraordinaire : Droit criminel. (Code pénal et Code d'Instruction criminelle.)

— Verhaegen aîné, professeur extraordinaire : Droit commercial.

— Defacqz, professeur extraordinaire : Théorie des sources de la législation, depuis la législation romaine jusqu'à l'époque actuelle. Droit coutumier et Législation transitoire.

MM. Van Esschen, professeur : Médecine légale. (Cours commun avec la Faculté de Médecine.)
— Plaisant, professeur extraordinaire : Droit public national et international.
— Chitti, professeur : Économie sociale.
M. Blondeau : Doyen de la Faculté de Droit de Paris, professeur honoraire.

FACULTÉ DE MÉDECINE.

MM. Laisné, professeur : Thérapeutique et Chimie appliquée à la Diététique.
— Seutin, professeur : Clinique chirurgicale.
— Guiette, professeur : Physiologie et Hygiène.
— Graux, professeur : Anatomie et Histoire de la Médecine.
— Langlet, professeur agrégé : Pathologie externe.
— Tallois, professeur agrégé : Pathologie générale.
— Van Mons, professeur agrégé : Pathologie interne, Maladies des femmes et des enfans.
— Van Huevel, professeur agrégé : Accouchemens et Médecine opératoire.
— Van Esschen, professeur : Médecine légale. (Cours commun à la Faculté de Droit.)
— Van den Corput, professeur : Pharmacie théorique et pratique ; Pharmacologie et matière médicale.
M. J. Pasquier, professeur agrégé : matière médicale.
MM. Van Cutsem, professeur honoraire.
— Uytterhoven père, professeur honoraire [1].
M. Caroly, professeur honoraire.

Cette lecture terminée, M. Baron, secrétaire de l'Université et professeur de littérature française

[1] Les élèves suivent la clinique que donnent ces deux professeurs, le premier comme médecin, le second comme chirurgien en chef de l'hôpital Saint-Jean.

dans la faculté de philosophie et lettres, prononce le discours d'ouverture.

Après ce discours, M. le Président déclare l'Université libre de Belgique installée, ordonne l'impression du discours d'ouverture et sa distribution à MM. les Souscripteurs actionnaires.

La séance est levée à 4 heures.

Était signé

ROUPPE, président.

BARON, secrétaire.

DISCOURS

PRONONCÉ PAR M. BARON,

A L'INSTALLATION

DE

l'Université Libre.

Messieurs,

Que mon premier mot soit un cri de joie et de triomphe : salut et honneur à l'Université libre de Belgique! aussi bien ai-je vainement cherché un autre début. A certaines heures, l'ame de l'homme est si pleine que force lui est de faire passage aux sentiments qui la débordent.

C'est l'artiste, ivre de bonheur, en voyant enfin achevée l'œuvre qui concentre en elle depuis tant d'années toute l'activité de sa tête et de sa main. C'est le poète, l'historien, le philosophe, qui, après bien des jours laborieux, bien des lampes usées dans les veilles, jette sa dernière ligne et s'écrie avec Montesquieu : *Italiam! Italiam!* C'est l'homme de bien, et cette fois la joie est tout autrement vive et pénétrante, quand se réalise enfin l'idée patriotique ou humanitaire à laquelle il a consacré de longues méditations, dont il a poursuivi l'accomplissement à travers tous les obstacles. Ainsi de nous, Messieurs; laissez-moi le dire, en dépit de prétendues convenances; ces transports de l'artiste, de l'écrivain, de l'honnête homme, qui ne préjugent rien d'ailleurs sur le mérite de leur œuvre, ce sont les nôtres à la vue de l'Université libre de Belgique, assise enfin sur des bases solides et durables.

Depuis long-temps l'idée première de cette institution, si riche, peut-être, d'avenir, fermentait dans quelques esprits amis de l'instruction et du pays, mais les difficultés surgissaient de toutes parts, les objections se soulevaient en foule: ici les circonstances faisaient défaut, là c'étaient les hommes ou les choses, et quand on voulait tracer encore une ligne, comme à cet ancien architecte, les mains paternelles tombaient.

Cependant, Messieurs, le zèle a grandi avec les travaux, les obstacles sont aplanis peu à peu, l'à-propos est venu en aide; et aujourd'hui, devant cette honorable assemblée où nous distinguons l'élite de la magistrature, du barreau, de la finance, du commerce, de la bourgeoisie, aujourd'hui, oh! soyons heureux et fiers, cette Université libre, la nôtre, la vôtre, car elle est notre ouvrage à tous, tous nous avons apporté notre pierre à l'édifice, tous nous avons rivalisé de vœux, d'action, de sacrifices, de lumières, cette Université unique sur le continent, et dont on peut s'enorgueillir à bon droit, elle existe, enfant encore, imparfaite sans doute, mais enfin viable et saine; malgré les détracteurs, les rivaux, les indifférents, réjouissons-nous, elle marche, elle avance, la voilà!

Encore une fois, Messieurs, honneur à elle, honneur à votre œuvre! Souscripteurs actionnaires de l'Université libre, en répondant à notre appel, vous avez fait preuve de sens non moins que de générosité; c'est dans votre raison autant que dans vos cœurs que notre voix a trouvé de l'écho.

A vous maintenant à achever. Qu'un premier succès ne fasse qu'aviver votre zèle; que ces listes si puissamment recommandées par les noms honorables dont vous les avez couvertes circulent de nouveau, et pénètrent, par vos soins, dans toutes les parties de la Belgique. Déjà elles se répandent dans les rangs de notre armée, déjà toutes nos provinces marchent sur vos traces; elles comprennent qu'il ne s'agit pas ici de Bruxelles seule, mais des intérêts les plus éminents et les plus universels de la nation tout entière. Et comment se refuseraient-elles à cette conviction, quand, à défaut même des valides arguments qui l'appuient, les exemples parlent si haut! Elles voient les hommes que leur suffrage appelle à l'honneur de les représenter, et ceux qui siègent aux plus hauts degrés de la hiérarchie judiciaire, et ceux qui, investis de la confiance publique, tiennent entre leurs mains tant d'intérêts, de fortunes, souvent même d'existences, quitter le comptoir du banquier, le tribunal du magistrat, le banc de l'avocat ou du député, pour venir s'asseoir près de nous au gouvernail universitaire, sans autre prix que la conscience d'avoir bien agi. D'autres font plus encore; ils s'engagent à monter en chaire, et, durant de longues années peut-être, à dévouer à l'Université avec un désintéressement au-dessus de nos éloges, leurs talents, leur expérience, et ces précieux loisirs, superflu si nécessaire dans leurs pénibles fonctions. D'illustres étrangers, des représentans de la royauté belge auprès des puissances voisines s'honorent de placer leur nom parmi ceux de nos professeurs.

S'imagine-t-on que ces hommes ingénieux et graves se soient déterminés inconsidérément, amollis au premier feu d'un enthousiasme éphémère, et sacrifiant sur un autel, sans avoir soulevé le voile du Dieu?

Aux actes individuels, ajoutez maintenant les résolutions des corps constitués, composés de l'élite de nos concitoyens. Croyez-vous que les membres de ces sages conseils aient oublié, pour nous complaire, leur prudence de nature, d'habitude et de position? Non, assurément; c'est que tous ont pénétré le secret de notre présent et de notre avenir. Ici c'est la *Société générale pour favoriser l'industrie nationale* qui, voulant faciliter le mouvement et augmenter la valeur de nos capitaux, non seulement accueille, mais prévient nos demandes, dût-elle par là déroger à ses statuts. Là c'est le *Conseil général d'administration des hospices et secours* qui met à notre disposition la clinique de ses hôpitaux, ses amphithéâtres d'anatomie, ses cabinets, ses instrumens, tout le matériel et le personnel de l'école de médecine de Bruxelles, persuadé qu'en faisant ainsi, il a bien mérité et de l'école, et de la Commune, et de ceux dont le suffrage lui est plus cher encore, de ceux qui souffrent. Plus loin c'est le *Conseil et le Collége de Régence,* d'une circonspection si exacte et si difficile, mais habiles appréciateurs des vœux et des besoins de la cité qu'ils administrent, qui nous accordent, d'une voix unanime, les subsides, les locaux nécessaires, et nous prodiguent les témoignages d'un incessant intérêt ; comme si, dans ce pays, où jadis les municipalités étaient souveraines, la nôtre avait la louable ambition d'anciens monarques voisins, fiers à juste titre d'entendre nommer l'Université de Paris la fille ainée des rois de France.

En vous rappelant, Messieurs, cette bienveillance générale dont nous avons été l'objet, j'eusse voulu dignement la reconnaître et la faire estimer son prix, mais vous ne me blâmerez pas de me dérober à cette tâche difficile; j'y serais d'ailleurs arrêté dès le premier pas, car je retrouve encore ici notre vénérable Bourgmestre. Dans une autre occasion, je n'avais pas craint d'aborder son éloge, mais ma parole se fatigue plus vite que son action, et toute la variété des formules laudatives est impuissante devant cette monotonie de zèle pour le bien.

Non, je le sens, ce n'est pas le panégyrique, c'est l'explication de ce merveilleux accord en notre faveur, que vous demandez aujourd'hui, ou plutôt, intelligens des motifs de votre conduite, vous voulez seulement que mon expression interprète votre pensée commune. Vous suppléerez à ce qu'elle pourra perdre à cette traduction.

Et d'abord je ne m'arrêterai pas à ces arguments d'évidence presque triviale, que l'on ramasse en se baissant, qui n'ont échappé à aucun de vous, et que j'ai eu souvent moi-même l'occasion de faire valoir.

Qui maintenant ignore quels grands et nombreux avantages une capitale, en général, et la nôtre en particulier, présente à une Université?

Qui ne regrettait, en parcourant nos bibliothèques, nos cabinets, nos musées scientifiques ou artistiques, notre jardin botanique, notre observatoire, nos hôpitaux si abondans en sujets précieux pour la science expérimentale, et nos sociétés, et nos cours suprêmes de justice, et les assemblées des représentans de la nation, qui ne regrettait de voir tant de trésors, tous placés sous notre main, s'entasser improductifs pour la jeunesse, à défaut d'un établissement d'instruction supérieure qui, en la réunissant, lui permît de venir puiser à ces sources fécondes, et de les dériver à son profit?

Que signifie, en face d'avantages si palpables, la crainte exagérée des séduisantes distractions d'une capitale? comme si les autres villes n'avaient pas aussi leurs syrènes aux mille formes, plus dangereuses peut-être; comme si la jeunesse universitaire ne trouvait pas dans la capitale plus de parents, de correspondants, d'amis de la famille, Ulysses vigilants, et bien autrement habiles à fermer les oreilles et à divertir les regards!

Les jeunes gens, Messieurs, ont besoin de jeter, par intervalles, à travers l'étude de leurs livres, quelques expériences de ce monde dont ils seront bientôt la force et l'ornement; de secouer quelquefois leurs préjugés d'intérieur pour retremper leurs idées aux sources communes; de se mettre par degrés au courant du progrès social, pour n'en être pas étourdis et enivrés, si, des bancs de l'école, ils y étaient lancés brusquement et de plein saut.

Sous tous ces rapports aucune localité ne peut remplacer complètement la capitale. Elle est l'aimant qui, à la longue, attire à lui toutes les capacités, le foyer où convergent tous les rayons de lumière qui viennent à poindre dans les diverses provinces; chez elle se manifeste le progrès en tout genre; à elle, de gré ou de force, appartiennent toutes les initiatives. Vainement cherche-t-on, à l'aide de théories plus ou moins spécieuses, à regimber contre cette fatalité des choses, elle ressort invinciblement de notre état de civilisation européenne. A tort ou à droit, Paris et Londres sont les phares lumineux vers lesquels l'Angleterre et la France tournent sans cesse les yeux. Observez l'Europe depuis quarante ans: sans doute, tous les grands mouvemens politiques ou sociaux n'ont pas commencé dans les capitales, mais aucun n'a eu de succès décisif tant que les capitales ne se sont pas déclarées, et du moment que celles-ci ont prononcé, les provinces ont toujours suivi. Il ne serait pas malaisé de prouver qu'il n'en pouvait être autrement.

Messieurs, si nous n'avions pas de capitale, ou que la nôtre fût indigne de ce nom, il faudrait en improviser une; Constantin et Pierre de Russie, deux révolutionnaires en grand, ont commencé par là. Dans notre siècle surtout, c'est la première condition de durée de notre homogénéité, et par conséquent de notre existence nationale. C'est l'agent le plus efficace pour fondre dans le nom de Belge, ces noms de Flamands, de Liégeois, de Brabançons, j'allais dire trop vivaces, si l'on pouvait se plaindre de l'obstination d'une vie qui fut si belle! Rome, disait Napoléon, est, sans contredit, la capitale que les Italiens choisiront un jour. Et qui sait? ce choix fait aujourd'hui, demain la belle Italie est une, après-demain, peut-être, elle est indépendante. Quoi qu'on puisse dire, la nation se résume dans la capitale; familiariser la jeunesse avec l'esprit de la capitale, c'est la nationaliser.

La création de l'Université libre, en fortifiant l'influence de la capitale, est donc, non seulement pour Bruxelles, non seulement pour la jeunesse, mais pour le pays tout entier un immense avantage. C'est encore mieux, c'est une gloire réelle. Notre horizon, s'agrandit, vous le voyez, à mesure que nous avançons. Ici seulement, je voudrais éviter l'aridité des théories; mais si je ne puis tourner l'écueil, la circonstance, vous le savez, demande autre chose que des sentences fleuries et de sonnantes paroles.

L'instinct de sociabilité porte l'homme à se rapprocher de ses semblables. Mais la nature des associations humaines varie selon les divers besoins qu'elles sont appelées à satisfaire, et leur importance selon le nombre plus ou moins grand d'individus qui participent à ces besoins.

La plus vaste de toutes est celle qui a pour objet les intérêts communs à tous les habitans d'un pays, c'est l'État ; l'administrateur des intérêts de l'état, c'est le Gouvernement. Mais remarquez bien, je vous prie, d'abord l'état n'est pas la seule espèce d'association que les hommes forment entre eux ; ensuite l'importance souveraine et le caractère de communauté des intérêts dont il est la personnification abstraite, n'empêche pas qu'il ne soit lui-même une individualité distincte et des autres associations et des individualités personnelles ; enfin, et ceci n'est que le corollaire de ce qui précède, l'intérêt de l'individu ne doit pas être sacrifié à celui de l'état, car, en définitive, ce n'est point l'état, être fictif, c'est l'individu, être réel, qui est le but de l'association. C'est là la différence essentielle entre l'esprit de l'antiquité et l'esprit des âges modernes ; chez les anciens l'état était le but, l'individu le moyen ; le principe contraire doit prévaloir parmi nous. Il suit encore que les individus dont se compose l'état, peuvent, en certaines circonstances, commettre à d'autres qu'au gouvernement l'administration de certains intérêts; ceci mérite attention. La haute confiance que témoigne en faveur des gouvernants la mission dont ils sont revêtus, la force intelligente et matérielle qu'elle met à leur disposition, les entraînent instinctivement à appeler à eux et à soumettre à leur action le plus grand nombre d'intérêts possible. Le degré de civilisation du pays qu'ils administrent est la mesure d'éloge ou de blâme à appliquer à cette ambition naturelle. Comparez deux points extrêmes de l'échelle. Ce qui peut être un bien pour l'Egypte, par exemple, serait assurément inutile ou même dangereux pour l'Angleterre. Plus une société s'avance dans la voie du progrès, plus le monopole gouvernemental diminue, plus l'intervention des citoyens se fait jour dans la gestion des intérêts communs. Pourquoi cela? C'est que le progrès social seul leur révèle sans cesse les avantages que retirent les individus eux-mêmes de la satisfaction complète des besoins généraux. Alors ils interviennent d'abord par la création, puis par l'extension successive des droits d'élection et d'éligibilité aux assemblées législatrices; ensuite, on les voit peu à peu, et d'après un mode d'action légalement consenti, soustraire à l'administration publique, ceux des intérêts communs qu'ils croient pouvoir avec bénéfice confier à l'administration privée.

Mais vous ne l'ignorez pas, Messieurs, opérer cette transition sans secousse, sans résistance, sans sortir de l'état normal, n'est pas chose facile et vulgaire. Et voilà précisément comme il se fait que l'érection de l'Université libre est un des titres d'honneur de notre nation et de notre gouvernement.

L'Université libre de Belgique est un des premiers faits sociaux qui ait pris date en Europe depuis la révolution de 1830. J'appelle ainsi non pas ceux qui affectent seulement la forme organique des pouvoirs, mais ceux qui modifient l'action de la société sur elle-même. Elle est, parmi nous, le premier exemple manifeste d'entrée en possession, pour ainsi dire, d'une des plus précieuses libertés garanties aux citoyens par l'acte constitutionnel, la liberté de s'emparer d'un intérêt commun, renfermé jusqu'ici dans le domaine exclusif de l'association gouvernementale, et de l'administrer conjointement avec elle.

Fait immense et glorieux!

Il témoigne d'abord en faveur de nos progrès dans la civilisation. Car il ne s'agit pas ici d'un de ces intérêts prochains et matériels, qui se laissent toucher et manier à tous, comme la vente d'une denrée ou un moyen de transport et de communication; c'est un intérêt plus éloigné, un intérêt tout intellectuel, un intérêt d'avenir, et, assurément on ne peut appeler arriéré le peuple qui comprend assez bien l'importance de cette classe d'intérêts, pour s'assurer, non seulement en puissance, mais en acte, une participation dans leur gestion. Ce même fait démontre aussi qu'il y a quelque vérité dans notre charte, quelque énergie vitale dans notre constitution, puisque réclamée par le peuple, elle est respectée par ses chefs.

Le pouvoir, en effet, et il faut le reconnaître et l'en féliciter, en restant en dehors de la question, en livrant à nos efforts une pleine et libre carrière, en se plaçant à l'abri du plus léger soupçon de partialité, s'est montré digne de citoyens qui savent apprécier leurs droits. Mais cet aveu même conduit à une autre considération. Puisque tel se montre le gouvernement, y avait-il nécessité, y avait-il urgence à s'immiscer dans l'administration d'un intérêt qui semble naturellement rentrer dans ses attributions, et dont l'abandon total de sa part eut d'ailleurs été blâmé par le libéralisme lui-même? La question mérite examen.

Mon opinion personnelle, que je n'ai jamais dissimulée, et peut-être quelque expérience de l'enseignement me permettait d'avoir une opinion en cette matière, avait toujours été que l'instruction supérieure, cette fraction si intéressante de la chose publique, devait, parmi nous, rester presque exclusivement confiée au gouvernement; ses ressources d'exécution étaient beaucoup plus puissantes que celles des particuliers; et puis, on pouvait croire, tout en rendant hommage au principe, que les temps n'étaient pas mûrs pour l'exercice d'une telle liberté.

Depuis quelques années cependant, les faits venaient ébranler ma conviction, et chaque jour l'opportunité d'une intervention privée se faisait plus vivement sentir. Non pas assurément qu'il fallût songer à fermer au pouvoir la route qu'il parcourait, ni même à y entraver sa marche, mais on pouvait en ouvrir une parallèle à la sienne, plus large seulement et mieux tenue. Lui-même semblait inviter à cette tentative. Obéissant à je ne sais quelle influence, on eût dit qu'il laissait le précieux dépôt échapper à ses mains indifférentes. Les chaires vacantes dans les universités attendaient vainement de nouveaux titulaires; tout était chancelant et morcelé; plusieurs parties, de l'aveu des fonctionnaires eux-mêmes, tombaient en ruines et en lambeaux. Les trois boutures entre lesquelles on avait trouvé bon de partager un tronc encore plein de sève, séchaient sur pied. Ignorante de la force qui lui est donnée quand elle s'appuie sur la raison, reculant devant des scrupules ou des terreurs chimériques, l'autorité hésitait depuis quatre ans à rendre à l'enseignement supérieur son énergie et son développement en le concentrant dans la capitale; les projets succédaient aux projets, les commissions aux commissions, et toujours la loi réorganisatrice fuyait d'une session à l'autre comme poursuivie par quelque fantôme mystérieux. Telle était cependant notre foi dans le pouvoir né de la volonté populaire que nous attendions en silence, plaignant seulement la jeunesse universitaire réservée à cette époque de transition, et condamnée d'avance au provisoire, lorsque l'Université catholique apparut. Le droit était incontestable, le moment bien choisi. On pouvait voir en elle un remède souverain au mal qui minait l'instruction, mais, selon nous, elle aussi était impuissante à le guérir. Pour nous donc, comme pour elle, le temps d'agir était venu.

Nommer l'Université catholique, c'est aborder, je le sais, une question délicate; qui prétend la traverser, s'en va courant, comme l'*Occasion* du fabuliste, *sur* le tranchant d'un rasoir; mais la franchise n'est pas tellement aveugle que l'aveugle seul puisse la prendre pour compagne de route, et si le mensonge a son utilité, il n'est pas impossible que la vérité ait aussi la sienne.

Oui, Messieurs, l'Épiscopat belge, dans la création de l'Université catholique, a exercé un droit incontestable, un droit que nous sommes d'autant moins disposés à lui disputer, qu'il découle d'un principe à nous et non pas à lui. Nous respectons comme chose du domaine de la conscience, comme résultat d'une conviction profonde et sincère, son opinion, lorsqu'il pense que *les beaux-arts et les sciences doivent être enseignés par des maîtres orthodoxes et professant les principes*, non seulement du christianisme, mais *de la religion catholique romaine;* qu'il est nécessaire que tous les fonctionnaires de l'Université *fassent profession de foi*, et *prêtent serment* entre les mains d'un recteur qui, lui-même *jure et promet fidélité et obéissance au corps épiscopal de la Belgique*, soumis à son tour aux décrets incontrôlables du souverain Pontife. Mais nous, nous sommes non moins sincèrement, non moins profondément convaincus que par le nom imposé à son institution, et par cette déclaration solennelle, l'Épiscopat belge reconnaît dans les termes les plus explicites que ses doctrines scientifiques seront, de nécessité, spéciales et restreintes, car elles se rattachent à un dogme d'obéissance passive que rejettent péremptoirement la Russie, la Grèce, la Suède, le Danemarck, la Grande-Bretagne, la Prusse, une partie considérable de l'Allemagne et des États-Unis d'Amérique, c'est-à-dire, la grande majorité de la civilisation humaine ; à un dogme qui, même dans les États catholiques, est contesté par une foule d'esprits religieux. Les doctrines de l'Épiscopat belge seront, de nécessité, incomplètes et arbitraires, car non seulement elles s'arrêtent, comme les nôtres, au pied des limites infranchissables de la morale universelle et des lois, mais elles devront se resserrer, se modifier, se plier, se tordre en tout sens devant la suprême volonté des six dignitaires ecclésiastiques auxquels le Recteur, unique modérateur de l'enseignement, jure fidélité et obéissance. Comment, lorsque des professeurs s'imposent à eux-mêmes de si lourdes chaînes, lorsqu'ils se lient par des serments si restrictifs, comment leur demander cette largeur de prémisses, cette aisance de développemens impérieusement réclamée aujourd'hui par la philosophie, la jurisprudence, la médecine, les sciences politiques, économiques et naturelles? Certes, si le mot *Catholique* avait conservé sa signification primordiale, s'il représentait encore l'idée d'*Universel,* nulle dénomination ne serait moins applicable à l'institution épiscopale belge. S'il est manifestement démontré, en effet, par son acte d'organisation, que cette Université est apte au plus haut degré, à un degré peut-être unique dans le monde, à distribuer dans toute sa pureté et sa perfection la doctrine apostolique romaine, il ne l'est pas moins qu'elle est radicalement inhabile à donner un enseignement progressif, complet, universel.

Les évêques belges ont voulu suspendre tous les chaînons des sciences humaines à l'anneau scellé par le catholicisme dans la pierre antique de l'apostolat. Ce désir, quoique renouvelé d'un âge moins avancé en civilisation, est assurément une haute idée, à laquelle nous nous plaisons à rendre hommage. Ceux qui, pour la remettre en lumière, prennent avantage de la théorie toute moderne de libre concurrence, attestent, en cela du moins, qu'ils appartiennent, eux aussi, au dix-neuvième siècle, et ne restent pas étrangers à son mouvement libéral.

Mais une autre opinion s'élève parallèlement à la leur, et les encouragements donnés à notre institution prouvent jusqu'à quel point elle est partagée; c'est que les sciences purement humaines, sous peine d'être imparfaites et tronquées, doivent rester entièrement en dehors du catholicisme. On peut ajouter même, avec beaucoup d'écrivains religieux, qu'une alliance, quelle qu'elle soit, du sacré et du profane, est peut-être, en mainte occasion, plus nuisible qu'utile aux vrais intérêts de la foi; et notre pensée, sous ce rapport, semble avoir été justifiée d'avance par l'Écriture elle-même, lorsqu'elle dit: « Mon royaume n'est pas de ce monde; » et ailleurs : « Dieu a livré le monde à leur curiosité et aux querelleuses investigations de leur science, » *tradidit mundum disputationi eorum*. « Ce n'est donc point être hostile au catholicisme que de tracer d'abord une puissante ligne de démarcation entre ses doctrines et les sciences mondaines, et, cela fait, de cultiver tout à l'aise, mais avec tout le respect que nous devons aux croyances de la majorité de nos concitoyens, l'immense terrain qui nous est livré, de poursuivre dans toutes ses veines cette mine inépuisable, laissant à Dieu, comme disait un éloquent jésuite du dernier siècle, la nuit profonde où il lui plait de se retirer avec sa foudre et ses mystères.

Tels sont, Messieurs, les seuls motifs qui ont déterminé la création de l'Université libre de Belgique; j'ai cherché à vous les rappeler avec franchise et impartialité. J'espère que cet exposé, tout imparfait qu'il est, suffira pour raffermir quelques opinions encore chancelantes, pour bannir tout scrupule des esprits même les plus timorés, et pour les bien convaincre qu'il ne s'agit pas ici de déployer une bannière ennemie à ce qu'ils se sont fait un devoir et une habitude de respecter et de chérir, tant dans l'ordre politique que dans l'ordre religieux. La nécessité d'une institution d'enseignement supérieur placée dans le centre commun des institutions nationales se faisait impérieusement sentir; mais d'une part, le gouvernement, retenu par des considérations qu'il n'est pas de notre objet d'examiner, ne paraissait pas disposé à satisfaire ce besoin; de l'autre, l'Épiscopat belge montrait, il est vrai, plus d'activité, mais le nom qu'il donnait à son institution, son principe officiellement avoué, sa position, non pas dans la ville capitale de la nation, mais dans la ville capitale du clergé, manifestaient l'intention d'étayer un édifice tombant en ruines par un édifice partiel et à jamais inachevé. Dès lors nous n'avions plus à hésiter; forte du droit constitutionnel et de l'assentiment public, l'Université libre s'organisa, et à tous ses avantages essentiels elle ajouta le mérite de l'à-propos.

Vous venez d'entendre, Messieurs, la lecture de ses statuts. Ce que nous pouvions faire pour remplir dignement notre mandat, nous l'avons fait, et peut-être, malgré nos efforts, sommes-nous encore loin du but. Mais nous ne nous croyons pas si étroitement liés à notre charte, qu'il ne nous soit loisible de nous en affranchir, toutes les fois que la raison l'ordonnera. Qui a foi au progrès comprend mieux que d'autres l'imperfection inhérente à toute œuvre humaine, et nous serons les premiers à vous soumettre ou à réaliser par nous-mêmes toutes les améliorations dont l'expérience et vos lumières nous auront signalé l'opportunité.

Mon dessein, vous le sentez, n'est point d'entrer dans le développement critique des divers articles de nos statuts. Le texte est sous vos yeux, et pour de tels lecteurs n'a pas besoin de commentaires. Permettez-moi seulement de toucher deux points qu'il ne lui appartenait pas d'éclaircir; je veux parler de la publicité et de l'obtention des grades académiques.

Plusieurs désiraient que les cours de l'Université

fussent donnés gratuitement. Sans parler des obstacles que notre position particulière opposait à ce vœu, le Conseil d'administration pense, en thèse générale, que, si l'enseignement primaire doit être libéralement distribué à tous, parce qu'il est à la fois le besoin et le droit de tous, parce que la communauté entière retire un bénéfice évident de la participation de chaque individu à cet enseignement, il n'en est pas de même de l'instruction universitaire. Quoiqu'une pensée nationale doive donner la vie à ce grand corps, quoique la perfection de son ensemble contribue éminemment au bien-être social, cependant, à l'exception de quelques parties qui ont elles-mêmes plus de brillant que de solide, son caractère essentiel est la spécialité. Plus elle cherche à se faire accessible et commune à tous, plus elle perd en utilité réelle ce qu'elle gagne peut-être en éclat et en futile renommée. D'ailleurs, il ne faut pas l'oublier, chacune de ses branches est presque toujours cultivée dans un but d'intérêt privé; chacune d'elles donne à ses adeptes, à l'exclusion de tous autres, des avantages positifs et matériels; ne point permettre que l'initiation à ce monopole de lucre soit gratuit, c'est donc faire acte de justice et de raison. Quoi! le manouvrier paierait son apprentissage, le pauvre ne pourrait faire le premier pas dans la route sans déposer son obole à la barrière, et vous exempteriez du droit ceux qui déjà surabondent peut-être dans la société, et l'avocat, et le médecin, et le professeur, et ces hommes qui se présentent sous le masque modeste d'amateurs, pour atteindre inaperçus jusqu'au titre d'artiste, et s'y cramponner ensuite obstinément! Messieurs, n'augmentons pas les priviléges du riche; son partage est déjà assez beau. Nous ne l'ignorons pas cependant, le mérite réel est souvent méconnu par la fortune, et une exigence trop rigoureuse pourrait priver le pays tout entier des services d'un homme spécial; l'article 45, en consacrant le principe de l'admission d'un certain nombre de boursiers, a prévu l'objection. Désirez-vous seulement que le public soit en état d'apprécier aussi le talent et la méthode des professeurs? Pendant le premier mois, tous les cours seront ouverts au public. Mais, ajoutez-vous, comment acquérir, plus tard, la certitude que le zèle ne se refroidit pas, que le relâchement n'a pas découvert, pour s'introduire, quelque issue mal observée? Soyez-en convaincus, Messieurs, le Conseil d'administration, né de vos suffrages et revêtu de votre confiance, est la garde la plus incorruptible et la plus vigilante; lui-même s'occupe d'ailleurs à concilier ce besoin si naturel, mais peut être un peu inquiet, de publicité, avec les précautions réclamées par la justice, par la nature des études, et par les nécessités financières de l'établissement.

Quant aux grades académiques, l'acte d'institution de l'université catholique porte que le corps épiscopal donne et concède au Recteur magnifique, dont il s'est réservé la nomination et la révocation, *plein pouvoir et autorité de conférer tous les grades académiques*.

S'agit-il ici seulement de l'ordre des fonctions

cléricales ; le corps épiscopal est dans les limites de son droit, et le Recteur, arbitre suprême. Faut-il entendre par là d'autres facultés que la théologie, comme le mot *tous les grades* semble l'indiquer, cette collation de grades est radicalement nulle, puisque jusqu'à présent les lois belges ne reconnaissent comme valables que les diplômes délivrés par les trois universités gouvernementales.

Le Conseil d'administration de l'Université libre n'a point jugé à propos de nous donner un pouvoir chimérique, de nous concéder une autorité illusoire ; il a craint qu'une telle concession pût induire en erreur les personnes peu versées dans la connaissance des lois du pays.

Nous ne conférerons donc aucun grade, parce que la société ne les reconnaîtrait pas ; mais d'abord, nous ferons subir à nos élèves des examens annuels qui constateront leurs efforts et leurs progrès. Puis, nous prenons l'engagement de réclamer par tous les moyens en notre pouvoir l'érection immédiate du jury général d'examen, inévitable corollaire de la liberté d'enseignement consacrée par la charte. Jusques là nous nous abandonnons avec confiance à l'impartialité de ceux que la loi a exclusivement autorisés à conférer les grades académiques.

Vous avez vu, messieurs, que l'Université libre se composait de cinq facultés, philosophie et lettres, sciences mathématiques et naturelles, droit, médecine, sciences politiques et administratives.

Les quatre premières vous sont familières et je ne

m'y arrêterai point. La cinquième est une innovation qui mérite de fixer vos regards, dont tous les bons esprits sentiront l'importance et l'opportunité, et que nous n'avons pas encore complètement organisée, en raison même de son caractère de nouveauté, et de la haute idée que nous nous en étions formée.

En effet, Messieurs, l'organisation actuelle de l'enseignement moyen embrasse toutes les connaissances préparatoires à l'église, à l'industrie, au commerce, et aux professions que comprenait autrefois le nom générique de robe et d'épée. Puis se présentent d'une part les séminaires et les écoles spéciales; de l'autre les quatre facultés universitaires où s'achève l'instruction des ecclésiastiques, des négocians, et de cette foule de jeunes gens qui se destinent soit à l'art militaire, soit à l'une des innombrables fonctions dont les grades de candidat et de docteur sont le préliminaire indispensable. Mais dans ce labyrinthe scientifique, à quelle porte frappera celui qui aspire à la carrière politique, diplomatique ou administrative? Et, quand on y réfléchit, que d'études spéciales, inaccessibles par les voies d'instruction consacrées, sont pourtant indispensables à qui nourrit la noble ambition de soutenir près des autres peuples la dignité et les intérêts de la patrie, de prononcer dans les assemblées souveraines sur les rapports de l'État avec les étrangers et les citoyens, d'y voter en connaissance de cause les lois organiques, les décrets transitoires, les réglements commerciaux; et, sans même s'élever si haut, de parcourir seulement avec honneur les divers degrés de la hiérarchie administrative, ou d'être réellement au niveau de l'une des fonctions multipliées qui en dépendent !

Que cette immense lacune dans l'instruction supérieure restât inaperçue avant les grands événemens qui, depuis un demi siècle, impriment à la civilisation européenne un mouvement si énergique, cela se conçoit aisément. Alors il était admis que les privilégiés de la féodalité naissaient hommes d'État; que la science coulait dans les veines avec le noble sang des ancêtres; alors le roturier publiciste n'était qu'un songe-creux ou un folliculaire impertinent; et, cela posé, où trouver, chez un peuple sans mandataires, cet aiguillon qui lance vers les hautes régions du droit public ou à la recherche des améliorations sociales? Aujourd'hui, au contraire, cet ensemble de doctrines jadis si négligées est devenu la plus universelle, la plus indispensable des sciences. La plus universelle! car, Messieurs, le légiste, le médecin, le savant s'arrêtent presque toujours dans les limites respectives de leur profession, leurs excursions sont rares sur les domaines étrangers; mais l'esprit des constitutions modernes donnant à chacun d'eux le droit d'éligibilité à tous les emplois politiques et administratifs, tous ne devraient-ils pas avoir parcouru les routes qui conduisent à un champ commun à tous? La plus indispensable! qui de vous, en effet, tenterait de professer, de plaider, de guérir, sans une laborieuse étude de la médecine, des lois, des méthodes d'enseignement? Et l'on pourrait considérer comme la seule science qui ne demande ni veilles, ni travaux, comme la seule science infuse, celle d'où dépendent le bien-être et l'amélioration sociale de la patrie et peut-être de l'humanité toute entière !

Il y aurait encore beaucoup à dire à ce sujet ; mais le temps nous presse; et ces mots que je viens de prononcer, ces mots presque sacramentels, et que l'on ne saurait répéter sans une profonde émotion, le bien-être et l'amélioration de la patrie et de l'humanité, c'est encore tout un monde de pensées qui surgit devant nous.

En effet, Messieurs, rendre nos concitoyens et, s'il se pouvait, tous les hommes, plus heureux et meilleurs, ce doit-être là, aujourd'hui, l'objet non seulement de notre nouvelle faculté, mais de tout notre enseignement ; ce doit-être là le lien véritable de nos doctrines, l'unique fin de nos travaux. L'humanité! saine ou souffrante, innocente ou dépravée, gouvernée ou gouvernante, riche ou pauvre, mais toujours l'humanité, voilà, dans toutes les voies intellectuelles et morales, l'étoile où doivent se diriger sans cesse les regards, le but où doivent tendre sans cesse les efforts. Car l'avenir est là tout entier. Les rêves de religiosisme, que vingt sectes diverses veulent remettre à la mode, s'évanouiront, les luttes mesquines de l'égoïsme politique se tairont, les doctrines ancestrales, que quelques habiles chez nos voisins prétendent recrépir à grand renfort de sophismes, tomberont, et sur toutes ces ruines s'élèvera toujours plus grande et plus triomphante la maxime éternelle, la maxime qui résumait le christianisme au berceau : Tous les hommes sont frères, aimez vous donc les uns les autres.

Je serais infini, Messieurs, si je cherchais à suivre cette divine moralité dans ses applications à toutes les branches de notre enseignement ; mais, pour me borner aux études qui me sont plus familières et à la mission spéciale que vous m'avez confiée, elle sera, croyez-le bien, la muse inspiratrice du vrai littérateur, du vrai poète de l'avenir. Sans doute il s'approchera encore des anciens flambeaux de la poésie; il invoquera encore le soleil aux flots de pourpre et d'or, et les mille diamans de la nuit, et toute cette belle nature qui révèle Dieu ; il invoquera les grandes images des siècles passés, et les voix mystérieuses de la solitude, et les intimes délices de l'amour pur et des arts. Mais ne vous semble-t-il pas que si quelque chose peut allumer en lui le feu divin, ce sera surtout la révélation de l'avenir de paix et de perfectionnement promis à l'humanité ; ce sera le spectacle de tous les peuples réunis pour opérer par le bonheur de tous le bonheur de chacun, et réalisant cette providentielle allégorie de l'antiquité, ce Mercure trois fois grand, qui, les ailes aux pieds, les ailes au cerveau, et les ailes encore au caducée commercial qu'il élève sur sa tête, comme le signal du bien-être humanitaire, s'élance d'un vol sublime et le regard au ciel dans les régions du progrès infini ?

Et ne croyez pas, Messieurs, que j'abuse moi-même du privilége de la poésie pour lui prédire des destinées qui ne seront pas les siennes. Par combien d'éclairs jetés dans leurs chants, ses représentans les plus nobles, ces hommes doués de la seconde vue, ne nous ont-ils pas déjà donné l'intelligence et l'avant-goût de son avenir! Choisissez les peuples qui, depuis long-temps, dominent l'Europe par le génie des arts, par le génie de la pensée, par le génie de l'industrie, par le génie de l'action. Demandez-leur quels sont, depuis le commencement de ce siècle, ceux qu'ils ont reconnus comme les plus profonds interprètes de la pensée sociale, comme leurs prophètes, leurs prêtres: car les vrais poètes sont tout cela. Ils jetteront quatre billets dans l'urne, et quatre noms, quatre grands noms en sortiront tout rayonnans: Manzoni, Schiller, Byron et Béranger.

Eh bien! si dans les rêves de la méditation, vous évoquez ces hommes d'élite, vous les entendrez, si divers de croyance, de langage, de position, de caractère, redire, d'une voix harmonieusement unanime, la maxime de l'éternelle paix, de l'éternelle fraternité. C'est Manzoni frappant du front les dalles des Églises catholiques; c'est Schiller, assis, la coupe en main, la joie sur les lèvres, aux banquets des barons et des chevaliers féodaux; c'est Byron, aristocrate radical, amoureux de l'égalité, et la demandant à la solitude, car un tel génie ne pouvait la trouver ailleurs; c'est Béranger, le peuple fait poète; mais partout c'est la même pensée, le même langage. Oh! qu'il me soit permis de redire leurs propres expressions; si cette enceinte renferme des enfans de ces nations modèles, que chacun d'eux entende répéter dans sa langue maternelle, et avec les paroles même des hommes qu'ils doivent révérer le plus, notre symbole sacré.

Italiens, écoutez Manzoni :

Siam fratelli, siam stretti ad un patto;
Maladetto colui che l'infrange,
Che s'inalza sul fiacco che piange,
Che contrista uno spirto immortal.

Nous sommes frères, nous sommes liés par un pacte inviolable. Maudit qui le brise; maudit qui s'élève sur le faible qui pleure; maudit qui contriste une intelligence immortelle.

Allemands, respect à Schiller :

Seyd umschlungen, millionen!
Diesen Kuss der ganzen Welt!
Alle Menschen werden Brüder.

Puissé-je presser dans mes bras des milliers de mortels! un baiser à tout l'univers! tous les hommes sont frères.

Anglais, c'est Byron qui parle :

The time is past when sword subdued;
But the heart, and the mind,
And the voice of mankind
Shall arise in communion,
And who shall resist that proud union!

Le temps de l'empire du glaive est passé! mais le cœur, mais l'intelligence, mais la voix de l'humanité entière s'élevera d'un seul et commun élan, et qui résistera à cette sublime union!

Et vous, Français, et vous, Belges, qui parlez la

même langue et vivez de la même vie sociale, voici notre Béranger :

> J'ai vu la paix descendre sur la terre,
> Semant de l'or, des fleurs et des épis ;
> L'air était calme, et du Dieu de la guerre
> Elle étouffait les foudres assoupis.
> « Ah, disait-elle, égaux par la vaillance,
> Français, Anglais, Belge, Russe ou Germain,
> Peuples, formez une sainte alliance,
> Et donnez vous la main ! »

A nous maintenant, Messieurs, avançons-nous à notre tour sur les traces de lumières qu'ont laissées derrière eux ces nobles guides du genre humain ; nous avons aussi un serment à prêter, non entre les mains ou aux genoux d'un homme, mais debout, devant nos concitoyens, dans l'un des vieux temples des libertés flamandes, les premières libertés de l'Europe : Nous jurons d'inspirer à nos élèves, quel que soit d'ailleurs l'objet de notre enseignement, l'amour pratique des hommes qui sont frères, sans distinction de caste, d'opinion, de nation ; nous jurons de leur apprendre à consacrer leurs pensées, leurs travaux, leurs talents au bonheur et à l'amélioration de leurs concitoyens et de l'humanité. Voilà notre serment, et Dieu nous soit en aide !

STATUTS

DE

L'UNIVERSITÉ LIBRE

DE BELGIQUE.

BRUXELLES.

LIBRAIRIE DE JURISPRUDENCE DE H. TARLIER.

1834

UNIVERSITÉ LIBRE

DE BELGIQUE.

Statuts Organiques.

Article 1. L'université libre de Belgique est établie à Bruxelles.

Art. 2. Elle est régie par un conseil d'administration.

Art. 3. L'enseignement est confié à des professeurs et à des agrégés; il se divise en cinq facultés, savoir : la faculté de philosophie et lettres, la faculté des sciences naturelles et mathématiques, la faculté de droit, la faculté des sciences politiques et administratives, et la faculté de médecine.

Art. 4. Chaque faculté forme un collége.

Art. 5. L'université a un secrétaire et un trésorier.

Art. 6. Un réglement arrêté par le conseil d'administration détermine l'ordre de l'enseignement, les attributions et les devoirs des professeurs et des agrégés, du secrétaire et du trésorier.

DU CONSEIL D'ADMINISTRATION.

Art. 7. Le conseil d'administration est composé de onze membres choisis par les souscripteurs.

Le bourgmestre de Bruxelles, ou un échevin délégué par lui, le préside de droit; il a voix délibérative et prépondérante en cas de partage.

Art. 8. Tout membre du conseil d'administration, nommé professeur ou agrégé, et rétribué à ce titre, cesse par là même de faire partie du conseil.

Art. 9. Le conseil d'administration exerce la haute surveillance sur le personnel, le matériel, les finances et généralement sur toutes les affaires qui concernent l'université.

Art. 10. Les résolutions du conseil d'administration sont prises à la majorité des membres présens et signées par le président.

Art. 11. Le conseil délègue un ou plusieurs de ses membres pour inspecter les diverses branches du service, et assurer l'exécution de ses décisions et des statuts.

Art. 12. Le conseil arrête et fait publier chaque année le programme des cours, après avoir pris l'avis des colléges des facultés. Ce programme désigne les branches de l'enseignement, les noms des professeurs, les jours et heures ainsi que la durée des leçons. Il fixe l'époque des vacances et celle de l'ouverture des cours.

Art. 13. Le conseil nomme le secrétaire et le trésorier de l'université.

Art. 14. Le secrétaire contresigne toutes les pièces qui émanent de l'université; il est chargé de la rédaction des rapports et procès-verbaux, ainsi que de la garde des archives.

Art. 15. Il lui est attribué un traitement annuel à fixer par le conseil d'administration.

Art. 16. Le trésorier est chargé de toutes les écritures relatives à la comptabilité, d'opérer les recettes de toute nature, d'effectuer les paiemens et versemens conformément aux réglemens.

Art. 17. Toutes quittances, mandats et autres pièces comptables à délivrer par le trésorier sont préalablement visés par un membre du conseil d'administration délégué à cet effet, ou par le secrétaire de l'université.

Art. 18. Le conseil d'administration fixe les appointemens et les frais de bureau du trésorier.

DES COLLÉGES DES FACULTÉS.

Art. 19. Le collége de chaque faculté se compose de tous les professeurs qui y sont attachés.

Art. 20. Il nomme dans son sein son président et son secrétaire.

Art. 21. Il est chargé de la surveillance immédiate de tout ce qui a rapport à l'enseignement attribué à la faculté qu'il représente.

Art. 22. Il rédige son réglement intérieur qu'il soumet à l'approbation du conseil d'administration.

FACULTÉ DE PHILOSOPHIE ET LETTRES.

Art. 23. Les cours de cette faculté sont :

a. Littérature grecque.
b. Littérature latine.
c. Philosophie et histoire de la philosophie.
d. Archéologie, antiquités grecques et romaines.
e. Histoire et géographie ancienne.
f. Histoire et géographie moderne.
g. Langue et littérature française et histoire des littératures modernes.
h. Grammaire générale.
i. Langues orientales.

Ces diverses branches sont enseignées par *cinq* professeurs et par un certain nombre d'agrégés à fixer par le conseil d'administration.

FACULTÉ DES SCIENCES NATURELLES ET MATHÉMATIQUES.

Art. 24. Les cours de cette faculté sont :

a. Mathématiques spéciales, calcul infinitésimal et mécanique analytique.
b. Géométrie descriptive.
c. Zoologie, anatomie comparée.
d. Botanique, minéralogie et géologie.
e. Physique.
f. Chimie.
g. Astronomie et histoire des sciences.

L'enseignement de ces branches est confié à *cinq* professeurs et à un nombre d'agrégés à fixer par le conseil d'administration.

FACULTÉ DE DROIT.

Art. 25. Les cours de cette faculté sont :

a. Philosophie du droit, droit naturel.
b. Histoire du droit romain.
c. Théorie et sources de la législation depuis la législation romaine jusqu'à l'époque actuelle.

d. Institutes du droit romain.

e. Pandectes en rapport avec les codes et les novelles.

f. Droit civil moderne.

g. Code de procédure civile et ordre des juridictions.

h. Droit commercial.

i. Droit criminel, code pénal et d'instruction criminelle.

j. Droit coutumier et législation transitoire.

k. Médecine légale. (Cours commun avec la faculté de médecine).

Ces cours sont enseignés par *cinq* professeurs et un nombre d'agrégés à fixer par le conseil d'administration.

FACULTÉ DES SCIENCES POLITIQUES ET ADMINISTRATIVES.

Art. 26. Les cours de cette faculté sont :

a. Droit public interne et externe.

b. Histoire politique, traités, diplomatie, etc.

c. Économie politique.

d. Science financière.

e. Statistique.

f. Droit administratif.

g. Histoire des assemblées délibérantes, chartes et constitutions, éloquence politique.

Quatre professeurs, et un nombre d'agrégés à fixer par le conseil d'administration, sont attachés à l'enseignement de ces branches.

FACULTÉ DE MÉDECINE.

Art. 27. Les cours de cette faculté sont :

a. Anatomie et histoire de la médecine.
b. Physiologie et chimie médicale.
c. Pathologie générale.
d. Pathologie médicale.
e. Pathologie chirurgicale.
f. Hygiène générale et diététique.
g. Clinique interne et thérapeutique.
h. Clinique chirurgicale, médecine opératoire, appareils et bandages.
i. Accouchemens. Clinique des accouchemens, maladies des femmes et des enfans.
j. Pharmacie théorique et pratique, pharmacologie et matière médicale.
k. Médecine légale; législation médicale. (Cours commun avec la faculté de droit).

L'enseignement de ces cours est confié à *six* professeurs et à un nombre d'agrégés à fixer par le conseil d'administration.

Il y a en outre un prosecteur et répétiteur d'anatomie.

Art. 28. Il sera fait un réglement particulier pour l'enseignement des élèves sages-femmes.

Art. 29. Le nombre des professeurs des facultés pourra être augmenté afin d'assurer constamment un enseignement complet.

DES PROFESSEURS ET DES AGRÉGÉS.

Art. 30. La nomination des professeurs appartient au conseil d'administration, de même que la première nomination des agrégés.

Art. 31. A l'avenir il sera pourvu à la nomination des agrégés par la voie du concours.

Art. 32. Les concours auront lieu en présence de l'université réunie en assemblée générale; ils seront dirigés par les professeurs de la faculté dans laquelle une chaire sera vacante ou qui aura reconnu le besoin d'augmenter le nombre de ses cours. Les formes du concours seront déterminées par le conseil d'administration.

Art. 33. Les professeurs et agrégés peuvent être révoqués pour des motifs graves, par le conseil d'administration; néanmoins cette mesure ne peut être prise qu'avec l'assentiment des trois quarts de ses membres.

Art. 34. Chaque professeur ou agrégé est tenu de donner ses leçons exactement. Celui qui suspendrait son cours au-delà de huit jours, excepté pour cause de maladie ou en cas d'absence autorisée, subira sur son traitement une retenue proportionnée au temps de l'interruption.

Art. 35. Les professeurs et agrégés se renferment dans les bornes de la matière qui leur est confiée; ils ne peuvent rien enseigner de contraire aux lois de l'État, à la morale et à l'ordre public.

Art. 36. Les professeurs et agrégés ne peuvent accepter aucun emploi qui oblige à un déplacement. Ils ne peuvent, sans une autorisation spéciale du conseil d'administration, professer dans aucun établissement une science autre que celle qu'ils enseignent à l'université.

Art. 37. Chaque professeur et agrégé rend annuellement compte de ses travaux au conseil d'administration.

Art. 38. Le traitement des professeurs et des agrégés est fixé par le conseil d'administration.

Art. 39. Après vingt ans d'exercice ou après avoir atteint sa soixante-dixième année, tout professeur ou agrégé devient émérite, et a droit à une pension à déterminer par le conseil d'administration. Le conseil d'administration peut accorder le titre de professeur honoraire aux personnes qui ont rendu des services éminens aux sciences et à l'instruction.

DES ÉLÈVES, DE L'INSCRIPTION, DE L'ADMISSION ET DES FRAIS D'ÉTUDE.

Art. 40. Pour être admis aux cours des facultés de droit et de médecine, il faut être âgé de seize ans accomplis. Le conseil d'administration peut cependant, pour des motifs valables, accorder une dispense d'âge sur la demande des parens ou tuteurs. Les élèves sages-femmes devront avoir vingt-deux ans révolus.

Art. 41. Tout élève qui se propose de suivre les cours de l'université est tenu de se présenter au secrétariat de l'université. Il devra être muni de son extrait de naissance.

Art. 42. Le secrétaire remet à l'élève l'acte constatant son inscription. L'élève paie 15 francs pour frais d'inscription. L'inscription se renouvelle chaque année.

Art. 43. Chaque élève est tenu à une rétribution annuelle de *deux cents* francs, payables par semestre et d'avance entre les mains du trésorier de l'université qui en donne quittance. Cette rétribution donne droit à suivre tous les cours d'une faculté.

Celui qui a pris une inscription dans l'une des cinq facultés peut suivre en même temps un ou plusieurs cours appartenant aux autres facultés, en payant *cinquante* francs pour chaque cours.

Art. 44. Un délégué du conseil d'administration vise la quittance dont il est parlé dans l'article précédent, et délivre une carte indiquant la faculté à la fréquentation de laquelle l'élève est admis.

L'inscription, la quittance et la carte portent un numéro d'ordre.

Art. 45. Il pourra être créé des bourses au nombre et aux conditions à déterminer par le conseil d'administration.

DE LA DISCIPLINE ET DE LA POLICE.

Art. 46. L'élève doit respect et soumission aux professeurs ; ceux-ci ont le droit de lui ordonner, au besoin, de quitter la salle.

Art. 47. Pendant la tenue des séances, le silence et le bon ordre seront strictement maintenus ; tout mouvement d'approbation ou d'improbation est interdit.

Art. 48. Tout désordre, toute immoralité, toute inconduite grave est portée à la connaissance du conseil d'administration qui statue comme de droit.

Art. 49. Toute contestation élevée dans le sein d'une faculté, si elle n'est aplanie par les professeurs eux-mêmes, est jugée par le conseil d'administration.

DES ENCOURAGEMENS ET RÉCOMPENSES.

Art. 50. L'université accorde le titre d'agrégé honoraire aux personnes qu'elle en juge dignes, soit au-dehors, soit parmi les élèves. Des séances particulières pour l'examen des élèves auront lieu annuellement à cet effet.

Art. 51. Les agrégés honoraires peuvent sur la présentation des professeurs, être mis en activité par le conseil d'administration. Ils remplissent les fonctions qu'exercent dans les universités d'Allemagne ceux qu'on nomme *private docenten*.

Art. 52. Il sera fait chaque année une distribution de prix aux élèves de l'université. L'époque, la forme des concours et la nature des prix seront déterminés par le conseil d'administration.

Art. 53. Les places d'élèves internes et externes dans les hôpitaux, et celles de chefs des travaux anatomiques, s'obtiennent au concours. Ces élèves jouissent des prérogatives déterminées par le réglement des hôpitaux de Bruxelles.

Les élèves internes sont chargés des répétitions des leçons de la faculté de médecine. L'enseignement des cours élémentaires pourra leur être confié.

DE LA COMPTABILITÉ.

Art. 54. Le conseil d'administration, sur la proposition du secrétaire de l'université, arrête par semestre et d'avance le budget des recettes présumées et des dépenses. Celles-ci ne peuvent être dépassées, sans une autorisation spéciale.

Art. 55. Les fonds appartenant à l'université sont, à la diligence du trésorier, versés au *compte-courant à ouvrir* à la *Société générale pour favoriser l'industrie nationale* à Bruxelles (la banque).

Art. 56. Lorsque ces fonds excèderont les besoins, le conseil d'administration, sur la proposition du secrétaire, ordonnera le placement à intérêts des sommes disponibles; il déterminera leur montant et le mode de placement.

Art. 57. Toutes autres valeurs appartenant à l'université sont mises en dépôt à ladite *Société générale*.

Arrêté en conseil le vingt octobre 1834.

Était signé

Les membres du conseil d'administration de l'université libre de Belgique,

H. DE BROUCKERE, président.
VERHAEGEN aîné,
BLARGNIES,
BARBANSON,
DE PUYDT,
DELVAUX DE SAIVE,
LAISNÉ,
GUILLERY,
VAUTIER,
BARON, secrétaire.

Pour copie conforme.

Le secrétaire de l'université,

BARON.

Imprimerie de Ode et Wodon.

www.ingramcontent.com/pod-product-compliance
Ingram Content Group UK Ltd.
Pitfield, Milton Keynes, MK11 3LW, UK
UKHW012106240726
13965UKWH00004B/1592

9 782013 066693